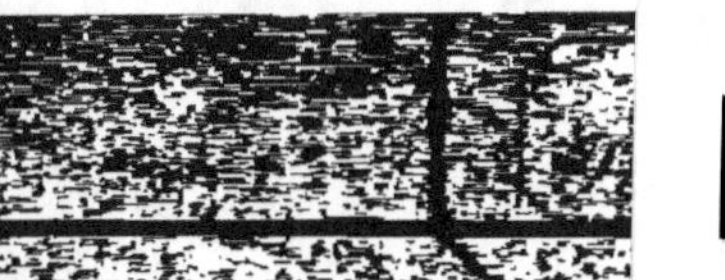

MÉLANGES MILITAIRES
XI, XII ET XIII

ÉTUDE

SUR LA DÉFENSE

DE

L'ALLEMAGNE OCCIDENTALE

ET EN PARTICULIER

DE L'ALSACE-LORRAINE

TRADUIT DE L'ALLEMAND

PARIS

CH. TANERA, ÉDITEUR

LIBRAIRIE POUR L'ART MILITAIRE ET LES SCIENCES

Rue de Savoie, 6

1873

ÉTUDE

SUR LA DÉFENSE

DE

L'ALLEMAGNE OCCIDENTALE

PUBLICATIONS

DE LA RÉUNION DES OFFICIERS

ÉTUDE

SUR LA DÉFENSE

DE

L'ALLEMAGNE OCCIDENTALE

ET EN PARTICULIER

DE L'ALSACE-LORRAINE

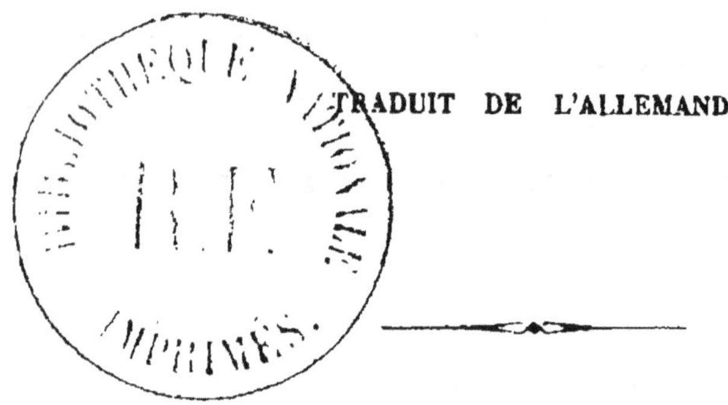

TRADUIT DE L'ALLEMAND

PARIS

CH. TANERA, ÉDITEUR

LIBRAIRIE POUR L'ART MILITAIRE ET LES SCIENCES
Rue de Savoie, 6

1873

ÉTUDE SUR LA DÉFENSE

DE

L'ALLEMAGNE OCCIDENTALE [1]

Longtemps déjà avant la dernière guerre, différents journaux politiques et écrits périodiques avaient entrepris systématiquement une croisade pour obtenir le démantèlement des villes fortifiées. Le spirituel feuilletoniste militaire de la *Gazette de Cologne*, le capitaine de cavalerie mecklembourgeoise Julius de Wickede, soutenu par l'avocat Weinhagen de Cologne, s'était mis à la tête du mouvement; il chercha, et cela sans s'appuyer sur des considérations bien savantes, à démontrer l'inutilité complète de toutes les villes fortifiées, leur refusant une valeur quelconque et en arrivant à affirmer que, de nos jours, il n'y avait qu'une seule espèce de villes fortes dont la construction pût être recommandée, celles qui, étant purement militaires, seraient établies dans des contrées complétement stériles (telles que probablement les steppes de Wahn et de Lunébourg ou le « *Teufels-Moor* » (marais du diable).

Nous devons reconnaître avec M. de Wickede que la situa-

(1) Traduit des *Jahrbücher für die deutsche Armee und Marine*.

tion des habitants d'une place forte n'est nullement enviable,
pas plus pendant la paix que pendant la guerre, et que pour
bien des gens la guerre n'est pas l'un des charmes de la vie ;
mais il n'en est malheureusement pas moins vrai qu'il y a des
contrées et des villes qui sont plus que d'autres mises en jeu,
soit pendant la préparation de la guerre, soit pendant la guerre
elle-même.

Il suffit d'étudier avec quelque attention les sciences militaires
pour être bientôt convaincu de ce fait : c'est que, de nos jours,
le succès d'une campagne dépend en grande partie, pour celui
qui prend l'offensive, de l'occupation des principales grandes
communications (chemins de fer, ponts, défilés). Ce n'est que
très-rarement qu'une armée envahissante voudra bien consentir
à assiéger une de ces forteresses situées au milieu de déserts, en
dehors des grandes lignes de communication : la plupart du
temps elle se bornera à les faire observer par des troupes d'un
effectif relativement faible, de manière à se protéger contre
toute diversion de la garnison.

Les plaines, les vallées, les cols sont depuis les siècles les
plus reculés les chemins suivis aussi bien pendant la paix que
pendant la guerre ; c'est aux points de réunion des communications créées par la nature ou par l'art que se réunissent
les hommes, et ce sont là aussi les objectifs des grandes
armées. On doit donc en tirer comme conséquence immédiate
qu'il est de toute nécessité de fortifier ces points de rassemble-
ment.

Quant au système à employer pour exposer le moins possible
les villes aux hasards de la guerre, c'est un point sur lequel on
peut être d'avis complétement différents.

A la suite de la dernière guerre, il a été dit sous bien des
formes, et parfois même par des militaires, que les places fortes
n'étaient plus en état de résister longtemps à la nouvelle artillerie de siége ; et cela parce qu'un grand nombre de villes fortes

françaises ont ouvert leurs portes après deux ou trois jours de bombardement.

Ce dernier fait est vrai, seulement il ne prouve rien. Toutes ces villes fortes qui sont tombées si promptement : Strasbourg, Schelestadt, Thionville, Montmédy, Toul, Verdun, Mézières, avaient été négligées par les Français avec une incurie sans pareille. Pas une de ces villes fortes ne possédait de forts détachés, dont la nécessité absolue est depuis dix années déjà reconnue en *Allemagne* par tous les hommes compétents. De plus, la défense de toutes ces places fortes (Strasbourg compris) a été loin d'être suffisante. La preuve en est que devant Strasbourg il a été possible d'ouvrir la première parallèle, sans être à couvert du feu de l'ennemi, dans la zone d'action du chassepot, à 800 pas environ de la fortification.

Belfort, où les Français avaient au commencement de la guerre travaillé avec la plus grande énergie à des ouvrages avancés provisoires (comme les Deux-Perches), a été seule une glorieuse exception. La défense de cette place a été sous tous les rapports des plus brillantes. L'armée de siége de Belfort est le plus à même d'en témoigner.

Les villes fortes qui ont été pendant la guerre pourvues d'ouvrages détachés provisoires, telles que Langres, Besançon, Lille, Lyon, etc., nous eussent sans contredit présenté tout autant, sinon plus de difficultés que Belfort.

Chacun sait quelle influence ont exercé sur la marche tout entière des opérations les fortifications de Paris et de Metz. Ces deux villes n'ont été vaincues que par la famine. Les fortifications de Paris étaient encore parfaitement défendables, comme l'a, du reste, prouvé suffisamment la Commune de Paris, ce tragique épilogue de la guerre.

Si Metz avait tenu trois ou quatre semaines de plus, *Paris n'eût pu être ni investi, ni assiégé, ni au sud ni à l'ouest.* Comme on n'aurait point eu de troupes en nombre suffisant à opposer à l'armée de la Loire, il n'y aurait eu d'autre parti à adopter que d'abandonner une portion du parc de siége et d'aller prendre à l'est de Paris une position d'observation où l'on eût livré une bataille décisive.

Nous allons examiner maintenant dans ce qu'elle a de plus essentiel la question de savoir quelles sont celles des forteresses nouvellement conquises qu'il y a lieu de conserver et même d'augmenter, et sur quels points il faut élever de nouvelles fortifications.

Que l'on remarque bien cependant que le démantèlement des petites forteresses doit être reculé jusqu'au jour où le système de défense de l'Alsace-Lorraine sera complété, soit par l'augmentation des fortifications de quelques places, soit par la création de nouvelles grandes places d'armes et de forts destinés à former des défilés. Ces petites forteresses nous sont, même dans leur état actuel, de la plus grande utilité pour la défensive, dans un pays qui restera hostile à l'Allemagne pour longtemps encore. Elles peuvent servir à protéger les lignes de retraite, les magasins, etc. Si la seconde guerre franco-allemande, qui éclatera probablement d'ici à quelques années, se dénoue en notre faveur, nos nouveaux sujets finiront par se soumettre à ce qui est inévitable, et l'on pourra alors sans arrière-pensée laisser tomber les forteresses isolées.

On trouvera dans les pages suivantes quelques courtes considérations sur l'importance, la position, l'état actuel des différentes villes fortes et points stratégiques importants, et surtout sur les ouvrages de fortification qu'il serait à désirer d'y voir établir.

C'est ici le lieu de faire remarquer que ces considérations sont toutes personnelles à un officier qui a pris part à la guerre franco-allemande, et qu'elles lui ont été en grande partie suggérées sur place par l'étude du terrain. La carte de France de l'état-major lui a fourni pour le reste les matériaux nécessaires à son travail, et par suite nous pouvons renvoyer à cette carte qui se trouve entre les mains d'un très-grand nombre d'officiers allemands.

I

METZ

L'importance capitale de la place de Metz pour la défense de l'Allemagne est universellement reconnue, et tout le monde s'accorde à dire que dans une guerre avec la France elle sera appelée à jouer un rôle plus considérable encore que dans cette dernière campagne. L'importance de Metz sera considérablement accrue encore par la prochaine ouverture du chemin de fer de Verdun à Metz, qui abrége de 67 kilomètres la distance à laquelle Paris se trouve de cette dernière ville.

Les Français regardent Metz comme une place forte menaçant Paris au plus haut point, et ils n'auront ni repos ni trève avant de l'avoir reprise. Lorsque les nouvelles voies ferrées, soit projetées, soit déjà exécutées en grande partie, qui doivent relier Metz par la rive droite de la Moselle avec Thionville et Trèves, et de là directement avec Cologne et Coblentz, auront été ouvertes, l'importance de Metz et sa valeur défensive en augmenteront encore; car l'armement et l'approvisionnement de cette place forte, située sur les confins de la frontière ennemie, en seront rendus bien plus faciles.

Le maréchal Niel, mort trop tôt pour la France, avait le projet de faire de Metz la première place d'armes du monde, situation à laquelle elle a été, plus que toute autre ville, merveilleusement préparée par la nature. On avait projeté d'entourer la ville d'importantes fortifications, comme on l'a fait pour Anvers : les forts Plappeville, Saint-Julien et Queuleu avaient été commencés dès 1868, mais il s'en faut de beaucoup que le projet général ait été achevé en entier. Aussitôt la prise de la ville, l'exécution de ces travaux fut poussée avec toute l'activité possible, et la partie la plus essentielle sera achevée dans le cours de cette année.

Les officiers du génie français regardaient à juste titre comme une des conditions essentielles de la défense l'occupation du plateau de 2,000 pas de long sur 1,000 de large qui couronne Saint-Quentin et qui domine la vallée de la Moselle et les chaînes de collines dont Metz est entourée au sud et à l'est.

Tant que ce plateau reste au pouvoir des assiégés, l'ennemi, fût-il maître de la ville elle-même, ne peut se servir ni des chemins de fer ni des ponts. Le projet français qui consistait à faire du mont Saint-Quentin une sorte de citadelle avait été provisoirement écarté à cause des dépenses considérables qu'il entraînait. Une fois maîtres de la ville, les Allemands, qui heureusement n'avaient point à craindre de manquer de ressources pécuniaires, ne tardèrent point à le mettre à exécution.

En construisant sur le Saint-Quentin un ouvrage suffisamment vaste pour recevoir une garnison de 4 à 5,000 hommes, on peut, grâce au grand fort de Plappeville situé à 3,000 pas plus au nord, se considérer comme étant sur ce point à l'abri de toute attaque. Les pentes de la montagne au nord, à l'est et au sud sont si rapides, qu'elles ne peuvent être gravies, et, sur le front occidental qui est le seul point d'attaque, la nature rocheuse du sol rend les travaux d'approche si difficiles, que si la défense est énergique et la place suffisamment garnie d'artillerie, on peut regarder le succès comme fort peu vraisemblable.

Au nord, le redoutable fort Saint-Julien, avec les nombreuses batteries qui sont établies dans son voisinage, et le fort Plappeville dominent au loin la vallée de la Moselle. Les forts Plappeville et Saint-Julien étant distants l'un de l'autre de plus de 7 kilomètres, il sera plus tard nécessaire de construire de ce côté un ouvrage intermédiaire, dont la place semble indiquée au nord-est de Woippy, sur la ligne du chemin de fer de Thionville. Il va de soi que dans le cas où il faudrait mettre la place en état de défense, on établirait sur ce point un ouvrage provisoire.

A l'est, la ville est couverte par le fort Queuleu et par le sérieux obstacle formé par l'inondation de la Seille. Mais de ce côté également nous ne pouvons considérer la fortification comme complète ; il serait nécessaire d'établir à la place du petit fort les Bottes un gros et puissant ouvrage que l'on pousserait jusqu'au bord du plateau qui s'étend à l'ouest de Montoy, près de la route de Sarrebrück, plateau qui formait, comme on le sait, une partie du champ de bataille du 14 août.

Mais c'est surtout au sud que la ville a besoin d'être couverte, et, suivant toute apparence, on a déjà entrepris ou tout au moins projeté de nouveaux travaux de ce côté. Malheureusement la proximité du mont Saint-Blaise empêche de pousser les nouveaux ouvrages aussi loin que cela serait à désirer. Cette montagne, qui n'est éloignée de la ville que de 6 kilomètres à peu près, offre à l'assiégeant une position des plus avantageuses que nous avons utilisée l'an dernier pour y établir nos batteries. Le mont Saint-Blaise, par suite de sa côte relativement élevée, domine au loin tout le terrain en avant et interdit à l'assaillant l'usage des ponts fixes établis sur la Moselle à Corny et à Novéant, et celui de toutes les routes qui conduisent au sud de Corny, vers Gorze et autres lieux.

Il est à croire que les Français, au cas où ils auraient à assiéger Metz, dirigeraient leurs attaques sur les fronts sud de la ville, soit parce que les travaux d'attaque seraient ainsi tout naturellement reliés avec la France par le chemin de fer de Toul-Nancy, Metz et plusieurs autres bonnes voies de communications, sans lesquelles on ne pourrait songer à entreprendre une opération exigeant une mise en œuvre aussi puissante que le siége de Metz ; soit parce que l'on aurait aussi les flancs solidement appuyés et que la nature du sol n'offrirait pour l'établissement des travaux d'approche aucune difficulté particulière. Une attaque régulière contre le mont Saint-Quentin offrirait les plus grandes difficultés ; et, pour paralyser l'action que le plateau aurait par ses vues de flanc sur l'attaque des fronts sud de la ville, pour ruiner autant que possible et en temps utile la citadelle de Metz, de manière qu'une fois la ville prise, elle ne soit plus intacte, l'ennemi sera forcé de se contenter d'engager un combat colossal d'artillerie avec le fort, en établissant au sud et à l'ouest sur les hauteurs de Rozereuilles et de Jussy des batteries de gros calibre. Le chemin de fer de Verdun à Metz donne à l'assiégeant la possibilité d'armer ses batteries de pièces de très-gros calibre, même de pièces de marine. Car Verdun est évidemment destiné à être, aussitôt l'occupation terminée, transformé aussi rapidement que possible en places d'armes de premier ordre, et l'on accumulera dans ses arsenaux tout le matériel nécessaire.

Par suite, nous devons donc dès à présent chercher les moyens de nous opposer au plan d'attaque qui nous paraît le plus probable. On peut y arriver complétement à la condition :

1° D'armer le mont Saint-Quentin d'une puissante artillerie

de gros calibre, dont dix ou douze pièces au moins seront établies dans des tours blindées pouvant tourner sur pivot, et susceptibles de résister à la distance de 2,500 à 3,000 mètres aux pièces rayées de la marine de 72 livres.

2° D'établir sur le mont Saint-Blaise un ouvrage fermé et complétement indépendant, pouvant abriter une garnison de 1,000 à 1,200 hommes et recevoir un armement de 60 à 72 pièces, dont 7 ou 8 au moins dans des tours blindées.

La ligne d'investissement qu'il serait nécessaire d'occuper pour faire le siége de Metz aurait alors une telle étendue que, pour que l'investissement fût efficace, il faudrait au moins une armée de 150 à 200,000 hommes, du moment qu'il y aurait dans la place un corps d'armée mixte avec le personnel d'artillerie suffisant et les autres services nécessaires, soit 35,000 hommes à peu près en tout.

Mais pour cela, il est de toute nécessité que le commandement de la place soit confié à un officier énergique, résolu à ne rien ménager et à ne pas hésiter à expulser de la ville en temps utile, comme on l'a fait à Paris, tous les individus compromis au point de vue politique, et à adopter la même mesure à l'égard de tous les habitants qui ne justifieraient point de neuf mois de vivres.

Lorsqu'au mois d'août de l'année dernière, les armées allemandes franchirent la frontière française, nous pûmes lire, affichée dans toutes les communes, une proclamation du commandant de la place de Metz qui prescrivait à tous les habitants de venir se réfugier dans la place et n'exigeait d'eux que quarante jours de vivres. Si, au lieu d'agir ainsi, le général Coffinières eût expulsé de la place toutes les bouches inutiles et fait saisir, sans ménagement aucun, les vivres qui se trouvaient encore en grande quantité dans les environs de Metz; s'il eût complété en même temps les approvisionnements en se servant, sur une grande échelle, des chemins de fer belges et luxembourgeois, cette place eût pu, en octobre, résister pendant plusieurs mois encore, *et il est possible que la guerre se fût alors dénouée tout autrement.*

Pour pouvoir assurer dans toutes les conditions possibles l'approvisionnement d'une place aussi considérable que celle de Metz, il serait bon que dès à présent, pendant la paix, on entassât dans les magasins des provisions considérables (blé, avoine, lard, extrait de viande, etc...). En faisant tirer aux troupes stationnées dans la Lorraine leurs vivres de ces magasins, le renouvellement de ces denrées serait des plus faciles.

Surtout n'oublions pas que pour longtemps encore nous devons être en Alsace et en Lorraine sur le pied de guerre complet, et que nos aimables voisins de l'Ouest ne se décideront à se tenir tranquilles que lorsqu'ils auront été châtiés une seconde fois, plus sévèrement encore que la première, ce qui, s'il plaît à Dieu, ne se fera pas longtemps attendre.

II

THIONVILLE (*Diedenhofen*)

Cette petite place forte est à 39 kilomètres 1/2 de Longwy, à 32 kilomètres de Luxembourg et 28 kilomètres de Metz. Une opinion des plus répandues et que l'on entend émettre même dans des cercles militaires, c'est que, par suite du voisinage très-rapproché de Metz, Thionville n'a aucune espèce de valeur et qu'on peut la déclasser sans arrière-pensée.

Nous ne nous rangeons nullement à cette opinion. Aussitôt l'achèvement des chemins de fer actuellement en cours d'exécution ou projetés, Thionville sera à la croisée de six lignes ayant

pour la plupart une très-grande importance stratégique :
celle de Metz à Paris par les Ardennes, celles de Luxembourg,
de Trèves, de Sarreguemines et les deux lignes qui conduisent
à Metz, l'une par la rive droite, l'autre par la rive gauche de la
Moselle.

La ligne la plus importante de toutes est le chemin français
des Ardennes, dont le passage devra être évidemment fermé
par un fort construit de telle sorte qu'il puisse résister à l'ennemi trois mois au moins. Cette condition d'empêcher
pendant trois mois au moins les Français de faire usage des
chemins de fer qui conduisent de France en Alsace et en
Lorraine est, du reste, un des principes fondamentaux qui
doivent nous servir de bases dans l'organisation de la défense
de notre territoire. Il n'est pas besoin des preuves spéciales
pour se convaincre que de nos jours, et surtout au printemps,
avant les moissons, il est indispensable de faire usage des
voies ferrées pour transporter les approvisionnements de
toutes espèces qu'exigent des armées de plus d'un demi-million
d'hommes et de 150,000 chevaux, les parcs d'artillerie et le
matériel de toute nature nécessaires au siége des grandes
places.

Si, l'année dernière, Toul eût résisté plus longtemps, nous
n'eussions pas pu nous servir de la ligne de l'est des Ardennes,
ni songer par conséquent à entreprendre le bombardement de
Paris ; en outre, l'approvisionnement de notre armée d'investissement eût offert les plus grandes difficultés.

Non-seulement Thionville ferme la ligne des Ardennes et
empêche l'ennemi de l'utiliser dans l'attaque de Metz, mais
elle couvre les lignes si importantes de Cologne, Coblentz,
Sarrebrück, Mayence et Mannheim. Une fois les chemins de
fer de la vallée de la basse Moselle terminés, il devient possible
de jeter dans Thionville, et cela dans un bref délai, les troupes
réparties dans les provinces du Rhin, la Westphalie et sur les

côtes de la mer du Nord. Ces troupes pourraient alors, sous
la protection des ouvrages avancés dont la construction est
nécessaire, passer sur une rive ou l'autre de la Moselle, dans
toute saison de l'année.

Thionville peut en outre contribuer puissamment à la défense
de Metz, dans le cas où cette ville serait assiégée, du moment
où l'on y aurait concentré des troupes en quantité suffisante.
L'investissement de Metz, au nord de la ville, deviendrait
pour l'ennemi une opération des plus difficiles, car la distance
qui séparera les forts placés au nord de cette place des nouveaux ouvrages établis au sud de Thionville n'étant guère que
de 18 kilomètres 1/2, l'ennemi se trouvera presque entre deux
feux.

Si Thionville n'a pas joué, pendant la dernière guerre, un
rôle plus important, cela tient, partie à la faiblesse de la garnison qui n'était presque composée que de mobiles, partie au
manque d'énergie du commandant de la place, qui aurait pu
parfaitement culbuter les quelques bataillons et escadrons chargés de l'investissement. En outre, il eût été possible au maréchal
Bazaine de jeter après la bataille de Gravelotte un corps
d'armée dans Thionville ; il eût ainsi diminué le nombre des
bouches à nourrir dans la place de Metz, et se serait ménagé
un appui des plus puissants pour l'exécution de la marche sur
Verdun, qu'il tenta le 31 août.

Quoique par suite des conditions très-favorables dans lesquelles
la place se trouve située sous le rapport des manœuvres d'eau,
l'enceinte principale soit susceptible de résister vigoureusement
à une attaque régulière, fût-elle même énergique, la place ne
peut tenir longtemps sans forts détachés ; aussi faudrait-il y
établir quelques ouvrages avancés.

Mais il n'est pas pour cela absolument nécessaire de créer
tout autour de cette petite ville une ceinture de forts qui la
mette complétement à l'abri d'un bombardement. Son rôle

principal est, comme nous l'avons fait déjà remarquer, de fermer les chemins de fer et de permettre à une armée de passer, dans toutes circonstances, d'une rive de la Moselle sur l'autre.

Pour remplir ce but, il suffit parfaitement d'établir deux grands forts, pouvant abriter chacun une garnison d'un millier d'hommes et être armés d'une cinquantaine de pièces de canon. Ils seraient construits, l'un sur les hauteurs de Guentrange, à 4,000 pas de la ville ; le deuxième au sud-est, sur les hauteurs d'Illange et à peu près à la même distance. Les forts pourront, en outre, former des batteries mobiles avec leurs pièces de campagne et les envoyer prendre position sur des points favorables : 6 grosses pièces à peu près (de 24 rayé) devront être établies dans des tours blindées.

Le fort de Guentrange empêchera l'ennemi d'entreprendre un siége régulier contre les fronts du sud, qui seront vraisemblablement les fronts d'attaque, et il faudra qu'il se rende auparavant maître de cette position. Le fort d'Illange commande la vallée de la Moselle et le chemin de fer des Ardennes jusqu'au village d'Hayange et les lignes voisines de Sarreguemines et de Trèves. Pour pouvoir utiliser ces chemins de fer, l'ennemi est, en toutes circonstances, obligé de s'emparer des deux forts. On aura ainsi gagné du temps ; car si la défense est énergique, ils ne tomberont au pouvoir de l'ennemi qu'après une lutte opiniâtre.

L'enceinte même de la place peut être, sans crainte aucune, de beaucoup simplifiée ; la ville trop resserrée dans ses limites y gagnera beaucoup d'espace. Il est surtout important de démolir le corps de place derrière l'ouvrage à cornes de Luxembourg et la double couronne sur la rive droite de la Moselle.

Les Français avaient fixé la garnison normale de cette place en temps de guerre à 6,500 hommes environ. Même après la

construction des deux forts, ce chiffre nous paraît suffisant.
Si les circonstances venaient à exiger une garnison plus forte,
il serait utile de construire trois nouveaux ouvrages, l'un au
nord de Thionville, sur les hauteurs de Lagrange; l'autre sur la
rive droite de la Moselle, sur les hauteurs qui sont nord-est
de la tête du pont; le troisième au sud-est de Thionville, près
de Veymerange.

III

LES DÉFILÉS DES VOSGES

Des moyens de les couvrir

La chaîne des Vosges forme notre ligne de défense naturelle
contre la France; mais par suite des nombreux passages qui
existent dans cette chaîne, elle est difficile à garder. En dehors
des grandes routes qui débouchent à Belfort et qui restent
encore au pouvoir de la France, nous devons mentionner les
routes qui se réunissent à Saint-Maurice, près des sources
de la Moselle, et qui conduisent soit à Belfort, soit à Mulhouse;
celles qui conduisent d'Épinal à Colmar, de Saint-Dié à Sainte-
Marie-aux-Mines et à Schelestadt, de Lunéville à Schelestadt par
Saales, à Strasbourg par Schirmeck, et enfin les routes qui
viennent se réunir à Phalsbourg et qui débouchent par Saverne
dans la basse Alsace.

Il serait très-important que tous ces passages fussent fermés
par des forts susceptibles de résister au moins à l'artillerie de
campagne. Nous avons devant les yeux un exemple de l'influence
que peuvent avoir dans des combats de simples forts détachés,
dans le rôle qui a été joué par le fort « les Ecluses » (?), construit par les Français près de Pontarlier; le corps d'armée
poméranien en sait quelque chose. L'idée de la nécessité où
l'on se trouve actuellement de fermer tous les défilés importants

commence du reste à se faire jour également dans les autres pays ; l'Italie songe à défendre les défilés des Alpes, soit par des forts, soit par des tours blindées mobiles sur des pivots ; l'Autriche s'occupe tout le long de ses frontières d'organiser la défense des défilés.

S'il n'est pas nécessaire, pour le moment présent, de fermer toutes les routes signalées plus haut, il est du moins utile de s'occuper de suite de l'organisation défensive des défilés les plus importants, à savoir :

1° Les routes qui viennent déboucher à Phalsbourg et le chemin de fer de Nancy à Strasbourg, qui sont les voies les plus directes pour se rendre de Metz à Nancy dans la basse Alsace ;

2° Les routes qui, de Saint-Dié, conduisent à Sainte-Marie-aux-Mines et à Schelestadt, ainsi que le chemin de fer de Lunéville à Schelestadt ;

3° Les deux routes qui se trouvent comprises entre ces deux voies ferrées et qui seraient aisément barrées par des forts bâtis près de Villé et de Schirmeck.

La petite forteresse de Phalsbourg pourra parfaitement, dès qu'on aura construit deux ou trois forts détachés, remplir ces conditions pour les routes qui sont indiquées dans le premier paragraphe. En construisant sur la hauteur qui est située à 2,000 mètres à l'ouest de la ville un fort, et en établissant également un ouvrage plus considérable près du chemin de fer même, ouvrage pour lequel on trouverait, à 3,000 pas à peu près au sud de la ville, un emplacement convenable, on forcerait l'ennemi à entreprendre un siége régulier. De plus, aussitôt que le fort du chemin de fer ne serait plus en état de résister, on détruirait aussi complétement que possible le tunnel de Saverne, destruction pour laquelle tout aurait été déjà préparé pendant la paix.

De plus, en construisant, si cela est possible, un troisième ouvrage à 3,500 mètres à peu près au nord-ouest de Phalsbourg, sur la route de Sarreguemines, on augmentera considérablement la valeur défensive de la place.

La position la plus avantageuse pour commander les routes de Schelestadt désignées au paragraphe 2 est celle de Sainte-Marie-aux-Mines, à 30 kilomètres à peu près de Schelestadt, au point de croisement de trois routes et de deux voies ferrées conduisant, l'une à Lunéville, l'autre à Schelestadt et à Ribeauvillé. Il suffira vraisemblablement d'y construire deux forts, pouvant chacun recevoir une compagnie d'infanterie (250 hommes) et une vingtaine de pièces de canon.

Si l'on établissait enfin un ouvrage près de la Poutroye, sur la route d'Épinal à Colmar, tous les défilés des Vosges se trouveraient ainsi fermés sur un front d'une étendue de 52 kilomètres à peu près, et l'ennemi ne pourrait déboucher dans la haute Alsace que par Belfort. — Nous verrons plus tard comment, en établissant un camp retranché près de Mulhouse, nous lui fermerons encore ce dernier passage.

Quant aux routes qui conduisent dans la haute Alsace et qui se trouvent au nord de Phalsbourg, nous n'estimons pas qu'il soit utile de les couvrir par des ouvrages de fortification permanente, car la hauteur de la chaîne des Vosges diminuant de plus en plus, et le réseau des routes se compliquant davantage, il serait très-facile de tourner ces ouvrages. Les forts ou petites places de Lichtenberg, la Petite-Pierre, Bitche, pourront, par suite, être plus tard complétement abandonnés. Au lieu d'occuper cette dernière place pour barrer le chemin de fer de Haguenau à Sarrebrück, on a un intérêt bien plus grand à construire de gros ouvrages de fortification permanente, à la croisée des chemins de fer de Haguenau à Thionville et de Metz à Sarrebrück, près du village de Hombourg-Cocheren. Que surtout on ne perde point de vue que nous n'avons mis que cinq semaines à construire entre Pont-à-Mousson et Remilly un chemin de fer de campagne, qui nous a permis de tourner Metz, et que les Français s'en souviendront à l'occasion. Cette nouvelle place de Hombourg, qui se composerait de trois ou quatre grands forts et qui serait à 52 kilomètres à peu près de Metz, Thionville et Phalsbourg, et à 15 kilomètres de Sarrebrück, remplacerait très-avantageusement Sarrelouis qui, dans les conditions actuelles et dans l'état où il se trouve, est devenu complétement inutile ; elle servirait en même temps de poste intermédiaire entre les grandes places de Metz et de Strasbourg.

IV

STRASBOURG

Strasbourg, autrefois une des villes impériales les plus importantes de l'empire d'Allemagne, et suivant l'expression de Maximilien Ier « le boulevard du saint empire romain », passait à juste titre, il y a quelques années, pour une des places les plus importantes et les mieux fortifiées de l'Europe. Elle le redeviendra maintenant sans contredit.

Après la chute de la ligne des Vosges, Strasbourg, avec le grand camp retranché que l'on devra établir dans le sud de l'Alsace, couvre le Rhin de Bâle à Lauterbourg et ferme à l'ennemi les débouchés de l'Allemagne du Sud, débouchés qui sont restés si longtemps ouverts. Rastadt, pas plus que Guermersheim, ne peuvent jouer un rôle stratégique aussi important. Ces deux places fortes dans leur état actuel, n'ayant pas de forts détachés à de grandes distances, ne sont que difficilement susceptibles d'une longue résistance ; aussi ne doit-on ajouter que plus d'importance à la reconstruction de

Strasbourg. Nous devons nous attacher, ne fût-ce que pour des motifs politiques, à apporter le moins d'entraves possible au développement de la grande cité. Grâce à ces précautions, dans quelques années Strasbourg renaîtra de ses ruines et il sera probablement appelé, aussitôt l'achèvement du canal projeté de Mannheim au Rhin, à jouer dans le sud de l'Allemagne, au point de vue des relations commerciales, le même rôle que Cologne dans le nord-ouest.

L'enceinte proprement dite de la ville est susceptible de grandes simplifications, et dans quelques années nous pourrons même, après avoir rasé la citadelle, la pousser jusqu'aux bords du Rhin. Depuis longtemps déjà les ingénieurs de la nouvelle école avaient établi que ce n'était pas sur le corps de la place même, mais bien dans des ouvrages avancés et poussés très en avant, que devait se livrer le plus fort de la lutte. Cette idée, à l'appui de laquelle la dernière guerre a fourni plusieurs exemples, se fait jour de plus en plus, et peut-être trouvera-t-on là la solution de ce problème de notre époque : concilier les intérêts militaires avec ceux de la population civile.

Les forts détachés devront remplir ici de toutes autres conditions que dans les petites places dont nous venons de nous occuper; car il est de toute nécessité que Strasbourg soit entouré d'ouvrages de fortifications complétement fermés et éloignés du corps de place de 6 kilomètres au moins.

Par là, la ville sera non-seulement complétement à l'abri d'un bombardement, puisque l'on peut admettre que l'ennemi ne pourra établir ses batteries de bombardement à moins de 1900 mètres des forts, mais de plus on formera ainsi une sorte de grand camp retranché dans lequel une armée, soit battue, soit en voie de formation, trouvera un abri et d'où elle pourra déboucher avec de nouvelles forces de quelque côté que ce soit.

Anvers nous offre justement un modèle de la manière dont on doit fortifier une grande ville et une grande place d'armes. La science militaire peut, à juste titre, être reconnaissante vis-à-vis de l'ingénieur qui a construit cette place, le colonel Brialmont; c'est un des premiers qui s'attaquèrent aux vieilles traditions avec un talent éminent et une énergie infatigable. La dernière guerre a démontré, de la façon la plus frappante, la justesse de ses idées; aussi le colonel Brialmont sera-t-il regardé toujours comme l'une des sommités des sciences militaires.

Si à Anvers tous les forts se trouvent exactement placés à 7500 mètres de la cathédrale, cela tient à la nature du terrain qui, étant absolument plat, se prête à cette disposition régulière.

A Strasbourg, les abords de la place sont si différents de nature, que l'on ne peut songer à placer tous les forts à égale distance de la ville et à égale distance entre eux.

Le terrain qui environne Strasbourg *sur la rive gauche du Rhin* peut être divisé en quatre parties bien distinctes :

1° La portion qui est comprise entre le cours inférieur du Rhin et l'Ill ;

2° La portion comprise entre le cours inférieur de l'Ill et l'inondation de la Brüche (affluent de l'Ill) ;

3° Celle qui est comprise entre la Brüche et le cours supérieur de l'Ill ;

4° Celle qui est comprise entre le cours supérieur de l'Ill et le cours supérieur du Rhin.

En examinant ces diverses zones sous le rapport, soit de leur valeur défensive, soit des chances qu'elles ont d'être attaquées, l'on arrive au résultat suivant :

La première région, large de 3,000 pas environ, est couverte près de Strasbourg par le faubourg de Ruprechtau; un peu plus en aval, le terrain est boisé et coupé de nombreux canaux, de sorte qu'il ne peut se prêter ni à une attaque régulière, ni à l'établissement de batteries de bombardement.

On peut, par conséquent, se dispenser provisoirement d'avoir sur ce point de gros ouvrages de fortification permanente, et se contenter d'un grand ouvrage en terre, pouvant recevoir une garnison de deux compagnies d'infanterie (500 hommes) et 8 pièces de canon, qui servira de point d'appui pour le cordon de surveillance.

Les ouvrages placés, soit entre l'Ill et la Brüche, soit de l'autre côté du Rhin, pourront compléter du reste la défense de cette zone, à la condition de leur ménager des vues, en abattant les constructions et les arbres qui gêneraient leur action.

Dans la seconde zone, le terrain est, aux abords même de Strasbourg, libre et uni, et traversé par six routes, un chemin de fer et un canal; plus loin, à une distance de la place variant de 6,000 à 10,000 pas, se trouve une chaîne de collines dont le point culminant est à 60 mètres au-dessus du niveau de la plaine du Rhin et qui de son côté n'est pas au delà dominée à portée de canon.

Cette chaîne de collines forme la base naturelle de toutes les opérations qui seront tentées par la France. Car, non-seulement on a ainsi en arrière de bonnes communications, mais encore, une fois maître de ces hauteurs, on domine toute la plaine du Rhin; en outre, la nature du sol n'offre aucune difficulté particulière pour l'exécution des travaux d'approche, dont l'un des flancs se trouve ainsi solidement appuyé à l'inondation de la Brüche.

Le rôle de la défense doit donc consister à disputer aussi longtemps que possible à l'ennemi la possession de cette chaîne de collines.

On ne peut savoir à l'avance quel sera exactement le point d'attaque choisi par l'ennemi, si ce sera au nord ou

au sud de la ville ; cela dépend de circonstances trop varia-
bles, telles que l'état de viabilité du chemin de fer et autres
conditions analogues. Il faut donc être en mesure d'opposer à
l'ennemi une sérieuse résistance dans l'une ou l'autre de ces
directions.

Les points culminants de la zone dont nous nous occupons
sont :

1° La croupe située au sud de Mundolsheim, dont le som-
met est à 30 mètres à peu près au-dessus du niveau de la plaine
du Rhin et qui n'est dominée, jusqu'à 4,000 mètres en avant,
par aucun autre mouvement de terrain. Il faudrait établir en
cet endroit un ouvrage, le *fort Mundolsheim,* qui serait ainsi à
8,000 pas à peu près du corps de la place. Comme il y a fort
peu d'espace sur cette croupe et que, d'un autre côté, ce
point est d'une importance extrême, le fort devra avoir huit
tours blindées, armées de pièces de très-gros calibre, et huit
pièces plus légères, soit en tout seize pièces et une garnison de
deux compagnies (500 hommes).

2° Le point le plus élevé de cette chaîne de collines (50 mètres
au-dessus de la plaine du Rhin) à l'ouest de Niederhausbergen,
à 3,500 pas à peu près du fort de Mundolsheim et à 7,000 du
corps de place.

On devra construire sur ce point un ouvrage important,
pouvant abriter une garnison de trois compagnies d'infanterie
(750 hommes) et recevoir 60 pièces de canon, dont une partie,
formée en batteries mobiles, pourra venir prendre position
au nord et au sud du fort, jusque sur la vieille route de Saverne.
8 pièces de 24 rayées, au minimum, doivent être montées
dans des tours blindées. Cet ouvrage pourrait recevoir le nom
de *fort Hausbergen.*

3° Le mamelon qui se trouve au sud de la nouvelle route
de Saverne, à 11,000 pas à peu près du corps de la place et
à 8,000 pas du fort Hausbergen (60 mètres au-dessus du niveau

de la plaine du Rhin). Un fort placé en cet endroit sera peut-être un peu loin de l'enceinte; mais par suite de l'altitude considérable de cette colline, il est de la plus haute importance d'empêcher l'ennemi de s'y établir; et ce résultat ne peut être atteint ni de la plaine, ni au moyen d'un fort placé entre les deux routes de Saverne.

Cet ouvrage, bien couvert sur son flanc gauche, prendra le nom de *fort de l'ouest*; il aura le même armement que le fort Hausbergen, mais en raison de sa grande distance du corps de place, sa garnison sera d'un bataillon d'infanterie (1,000 hommes).

Entre ces deux grands forts, dans l'intervalle des deux routes de Saverne, on construira un ouvrage plus petit qui, étant efficacement flanqué par les batteries mobiles des forts, pourra ne recevoir qu'une garnison de deux compagnies (500 hommes) et 20 pièces, dont quatre placées dans des tours à pivots. Cet ouvrage pourra être appelé le *fort Saverne*.

Ces quatre forts, armés ensemble de 156 pièces de canon, commandent toute la zone qui s'étend à l'ouest de la place et une grande partie de celles qui s'étendent au nord et au sud. Pour relier le fort Mundolsheim avec le grand ouvrage de la première zone, il est nécessaire d'établir un gros ouvrage à 6,000 pas de ce dernier et à 7,800 pas à peu près de l'enceinte, au nord-est du village de Hohenheim (fort Hohenheim).

Les fronts nord et est étant bien couverts par des dépressions de terrain, il serait peut-être suffisant d'y placer une garnison de deux compagnies d'infanterie (500 hommes) et de l'armer de 30 pièces de canon; 4 de ces pièces, dans des tours blindées, seraient destinées à agir surtout sur les flancs et placées à cet effet derrière la gorge du fort.

Pour couvrir la grande trouée comprise entre les forts Mundolsheim et Hohenheim, il faudrait établir un petit fort sur la route de Wissembourg, à l'ouest de Souffelveyersheim, auquel on donnerait uue garnison d'une compagnie (250 hommes), un armement de 6 pièces et dont on couvrirait le front nord en barrant le Souffel-Bach.

Par suite, pour assurer la défense de la première et de la deuxième région, il est nécessaire de construire deux ouvrages provisoires (à transformer plus tard en ouvrages définitifs).

Ils auront comme garnison 16 compagnies d'infanterie (4 bataillons = 4,000 hommes), et seront armés de 200 pièces de canon dont 32 dans des tours blindées.

Avec ce nombre de pièces, nombre dans lequel ont, du reste, été comprises les pièces nécessaires à l'armement des fronts spécialement attaqués, on peut résister, et avec des chances de succès, à un ennemi très-supérieur en nombre.

Les deux zones de terrain situées au sud et indiquées aux paragraphes 3 et 4 n'ont nul besoin d'un armement pareil. De ce côté, on devra surtout avoir pour but d'empêcher l'ennemi d'établir des batteries de bombardement; car il n'est pas admissible que l'on choisisse comme points d'attaque des fronts en partie inondés et où le terrain est si coupé de canaux que l'on serait obligé de diviser les travaux d'approche. Il suffira, par conséquent, d'établir pour le moment dans chaque zone un gros ouvrage pouvant recevoir une garnison d'un millier d'hommes (1 bataillon de ligne ou un bataillon et demi de landwehr) et 50 pièces de canon.

Les garnisons de ces ouvrages pourront être chargées en même temps du service des avant-postes, concurremment avec les batteries mobiles que l'on peut établir, en arrière des forts, soit à droite, soit à gauche, et que l'on couvrirait, s'il y a lieu, par des blockaus.

Cet ouvrage pourrait être établi dans la région qui s'étend entre l'inondation de la Brüche et l'Ill supérieure, au sud-est du village de Lingolsheim, et recevrait par conséquent le nom de fort Lingolsheim.

Il serait ainsi à 7,000 pas à peu près du fort de l'ouest et à 8,500 du corps de place. Dans la région comprise entre les cours supérieurs de l'Ill et du Rhin, on trouve au sud de la petite ville d'Illkirch, à peu près à des distances semblables du fort Lingolsheim et du corps de place, un emplacement convenable pour le deuxième ouvrage. Il va de soi que l'on devra faire dans les forêts qui sont à l'est d'Illkirch les percées nécessaires pour dégager les champs de tir du fort; ainsi relié à l'ouvrage que l'on devra construire sur la rive droite du Rhin, le *fort d'Illkirch* couvrira suffisamment la place du côté du sud.

Les ouvrages détachés placés sur la rive gauche du Rhin auront donc une garnison totale de :

Infanterie : 6,000 hommes (soit 3 bataillons de ligne à 1,000 hommes et 5 bataillons de garnison à 500 hommes).

Artillerie : 2,400 hommes (y compris les auxiliaires).

Bouches à feu : 300.

Ce n'est qu'après l'achèvement de ce camp retranché que l'on pourra songer à construire les forts sur la rive droite du Rhin.

Au cas où il faudrait, avant cette époque, mettre la place en état de défense, on fermerait l'enceinte de la ville de Kehl, et l'on construirait trois solides ouvrages distants les uns des autres et de Kehl de 3,700 mètres à peu près.

Cette distance suffit pour mettre Strasbourg à l'abri d'un bombardement partant de la rive droite du Rhin.

En même temps, l'on assurerait ainsi à une armée la liberté de mouvement qui lui est nécessaire pour déboucher d'un camp retranché.

Une garnison de 4 bataillons de garnison à 600 hommes

suffirait pour occuper Kehl et ces trois ouvrages, fournir le service des avant-postes et protéger les ponts du Rhin.

D'un autre côté il ne serait pas nécessaire d'avoir sur la rive droite du fleuve plus de 60 bouches à feu et 400 hommes d'artillerie, détachement que l'on pourrait renforcer au besoin à l'aide de l'artillerie de réserve. Par suite, la garnison totale du double camp retranché, y compris la garnison de Kehl et les armes spéciales (cavalerie, génie, troupes d'administration), sera à peu près de 11,500 hommes.

Nous devons avoir, en outre, pour le corps de place qui n'a pas besoin d'être occupé bien fortement dans la première période du siége, 4,500 hommes, y compris les corps spéciaux, et 100 bouches à feu; puis, comme *réserve générale*, une division d'infanterie avec 225 pièces de siége, 4 batteries de campagne, 4 escadrons, etc.

L'on trouve ainsi que, dans le cas d'une attaque imminente, la garnison totale de Strasbourg devra se composer d'un corps d'armée mixte d'une force moyenne de 35,000 hommes et 700 bouches à feu.

Il y a surtout un grand intérêt à avoir une forte réserve, composée de préférence de troupes de ligne; sans une pareille réserve, il n'y a pas en effet de défense active possible. Si la garnison du camp retranché reçoit la composition indiquée plus haut, si la défense est énergique, on peut compter que Strasbourg résistera avec succès à un corps d'armée de 150,000 hommes au moins.

Nous ferons ici la même remarque que pour Metz; le plus grand danger que court une aussi grande place est celui d'être réduite par la famine; mais l'approvisionnement de Strasbourg est bien plus facile que celui de Metz, car il est presque inadmissible que Strasbourg puisse être bloqué dans les premiers jours qui suivront la déclaration de guerre.

V

SCHELESTADT

Cette petite place forte qui est située à 45 kilomètres à peu près au sud de Strasbourg n'aura plus grande importance au point de vue stratégique, du moment que les chemins de fer seront barrés, soit à Mulhouse, soit à Sainte-Marie-aux-Mines ; car elle peut être tournée avec la plus grande facilité. Schelestadt n'en conserve pas moins toujours un intérêt local, car il peut servir de point d'appui pour la défense des Vosges et de poste intermédiaire entre Strasbourg et le camp retranché du sud de l'Alsace ; aussi peut-il être bon de le maintenir encore quelque temps comme place forte.

Schelestadt étant, dans son état actuel, d'une défense difficile, on pourra se contenter de ne donner à cette place que l'armement de sûreté, et de simplifier autant que possible l'enceinte, à la condition de construire une citadelle à 3,500 pas au nord-est de la ville, sur une hauteur qui domine tout le terrain environnant, à 3,700 mètres à la ronde. Cette citadelle devra être armée d'une soixantaine de pièces de canon, dont quatre au moins abritées par des tours blindées.

Schelestadt ne pouvant être attaqué qu'au nord et à l'ouest, sa valeur défensive sera ainsi suffisante pour forcer l'ennemi à déployer une artillerie considérable.

VI

NEUF-BRISACH

Neuf-Brisach, dont dépend le petit fort Mortier, placé sur les bords du Rhin, est à 34 kilomètres au sud de Schelestadt, et à 67 kilomètres de Strasbourg.

L'abandon ou le maintien de cette petite place, située loin de tous les chemins de fer et facile à tourner, dépend du choix qui sera fait pour l'emplacement des ponts fixes sur le Rhin, ponts dont les intérêts militaires et commerciaux de l'Allemagne réclament impérieusement la construction dans la basse Alsace.

Il est en effet absolument nécessaire que l'Alsace méridionale, riche en produits de toutes sortes, couverte de manufactures, célèbre dans le monde entier par ses fabriques de cotonnades, soit reliée par la voie la plus directe avec le réseau des chemins de fer de l'Allemagne du sud. De plus, menacés comme nous le sommes par l'importante place de Belfort dont la France veut, d'après l'expression même du président de la République, faire une des premières places d'armes du monde, il faut que nous ayons au sud de l'Alsace un grand camp retranché pouvant, le cas échéant, se défendre avec quelques troupes, mais qui, en communication constante et assurée avec la rive droite du Rhin, permette en même temps à une armée tout entière d'en déboucher facilement.

Il n'y a guère sur le Rhin que trois points entre lesquels on puisse hésiter :

1° Vieux-Brisach, qui est relié depuis peu par une voie ferrée avec Fribourg-en-Brisgau, voie que l'on pourrait prolonger jusqu'à Colmar.

2° Un point situé à hauteur de Mulhouse (Rheinweiler ou Kembs), où le chemin de fer de Kehl à Bâle longe le bord du fleuve. Il n'y aurait qu'à construire un embranchement sur Mulhouse.

3° Près de Huningue, à 8 kilomètres à peu près en amont de cette ville, près de Bâle.

Au point de vue des intérêts commerciaux, nul doute que les deux derniers points ne soient préférables au premier. Les voies ferrées les plus importantes de la France, celle de Paris, de Lyon, etc., viennent se réunir à Mulhouse, et l'on peut de là communiquer très-facilement et aussi directement que possible avec le sud de l'Allemagne par Klein-Basel (Petit-Bâle). Il peut se faire que dans l'intérêt particulier du grand-duché de Bade, Vieux-Brisach soit le point de passage le plus avantageux; mais pour tous les autres Etats du sud de l'Allemagne, et dans l'intérêt général, il est préférable que ce point de passage soit choisi plus au sud.

Les deux points de Reinweiler et de Huningue ont les mêmes avantages sous le rapport des facilités de communications avec Petit-Bâle, mais la distance de Mulhouse à Fribourg et à l'Oberland badois étant moindre de 30 kilomètres à peu près, si l'on traverse le Rhin à Rheinweiler, que si on le traverse à Huningue, on peut conclure que, *au point de vue des intérêts commerciaux, Rheinweiler est le point qui présente le plus d'avantages pour l'établissement d'un pont sur le Rhin.*

Quant aux intérêts de la défense du territoire, ils s'accordent complétement avec l'hypothèse de l'établissement d'un pont à Rheinweiler.

Tout d'abord, Brisach est trop près de Strasbourg et se trouve pour ainsi dire dans le rayon d'action de cette grande place, et en outre ce n'est pas par la place de Neuf-Brisach, fût-elle agrandie, que l'on pourra arrêter une invasion du sud de l'Allemagne.

En second lieu, il serait de la plus grande imprudence de laisser l'ennemi occuper tranquillement les chemins de fer qui lui permettent de faire venir de la grande place d'armes de Belfort tout le matériel nécessaire pour pousser, aussitôt la prise de Schelestadt, le siége de Strasbourg avec toute l'activité possible. Un camp retranché établi près de Huningue n'empêcherait nullement l'ennemi de se servir du chemin de fer de Mulhouse, et, vu l'importance excessive des voies ferrées, cette seule considération est déjà suffisante.

Nous savons parfaitement que les frais d'établissement d'un camp retranché à Mulhouse ou Huningue seront bien plus élevés qu'à Neuf-Brisach. Sur ce dernier point, en effet, grâce aux ouvrages déjà existants, grâce surtout au commandement très-considérable de la rive droite du Rhin sur la rive gauche, le camp retranché peut être installé avec des frais relativement très-minimes. Mais aujourd'hui où des intérêts si puissants sont en jeu et où les armées allemandes ont conquis avec leur sang les moyens nécessaires pour assurer une défense efficace du territoire, cette considération n'est plus décisive.

VII

LE CAMP RETRANCHÉ DE MULHOUSE

Nous allons examiner maintenant comment on pourrait établir près de Mulhouse, sans très-grands frais, un camp retranché satisfaisant à cette double condition : être suffisamment vaste pour y faire camper deux corps d'armée, et être en état de résister pendant plusieurs mois avec une garnison fixe, aussi faible que possible, à un ennemi très-supérieur en nombre.

On n'a pas construit, il est vrai, jusqu'à ce jour, de camps retranchés *permanents* ne s'appuyant pas sur une place forte, mais nous trouvons dans l'histoire militaire des différents peuples de fréquents exemples de l'emploi de camps retranchés *provisoires* de cette nature établis sur des points stratégiques importants et dont l'occupation était utile aussi bien pour l'offensive que pour la défensive; ces camps n'avaient ce caractère *provisoire* que parce que la puissance qui les

faisait construire n'avait eu ni le temps, ni l'argent nécessaires
pour les faire ériger d'une façon permanente. — Les camps
établis par les Russes à Drissa, par les Turcs à Kalafa, par les
Autrichiens à Cracovie et à Florisdorf, par les Danois à Duppel,
sont des camps de cette nature qui avaient pu en partie exercer
une grande influence sur l'issue de la guerre. Napoléon Ier et
Wellington établissaient dans les pays conquis des camps de
cette nature; chacun sait l'influence décisive qu'exerça dans les
guerres d'Espagne le camp de Torres-Vedras.

Les Français, et cela heureusement pour nous, avaient né-
gligé d'établir près de Châlons un grand camp retranché; sans
cela ils eussent évité la grande catastrophe de Sedan, et qui sait
quel eût été alors le sort de la guerre ?

On a regardé jusqu'ici comme une condition essentielle de
l'établissement d'un camp retranché la condition de l'appuyer
sur une grande place forte. C'était vrai autrefois, lorsque la
défense d'une place se faisait surtout par l'enceinte même de
la ville qui, presque toujours, pouvait dès les premiers jours
prendre une part active à la lutte. L'enceinte était alors et est,
du reste, encore en partie de nos jours défendue par une
guerre de chicanes, tout à fait semblable à celle qui se livrait
déjà au moyen âge sous les murs des châteaux féodaux. Dans
ces conditions la chose essentielle était de ne pas laisser un
seul point qui ne fût battu soit directement, soit lorsqu'il
s'agissait d'ouvrages disposés en échiquier de tous les coins et
recoins de la fortification. Le modèle du genre était alors une
place qui présentait 4 ou 5 lignes de défense placées immédia-
tement à la suite les unes des autres. Sur une carte ou bien
pendant la paix, tout cela paraît fort bien; mais qu'advient-il
en réalité ?

La défense est tellement divisée, qu'il est impossible de lui
imprimer une impulsion unique et énergique, sans compter que
des ouvrages placés les uns derrière les autres peuvent être

battus par les mêmes batteries. Aujourd'hui, au contraire, où l'on doit s'efforcer de livrer tous les combats décisifs complétement en dehors de la ville, aussi loin que possible des habitations, l'enceinte proprement dite n'entre en ligne qu'en *second lieu* et doit être par suite construite aussi simplement que possible. Le soldat est et restera toujours un homme ; aussi est-il bon, dans l'intérêt même de la défense, qu'il voie le moins possible la misère qui frappe toujours les habitants d'une place forte assiégée.

Supposons maintenant que l'on donne aux forts détachés de grandes dimensions, qu'on les rende complétement indépendants les uns des autres, qu'on les arme en profitant de toutes les ressources nouvelles que l'art met à notre disposition, que l'on approvisionne chaque ouvrage séparément pour trois mois, et il nous semble qu'il n'y a plus de raison d'exiger dans un camp retranché un gros ouvrage central.

Une réserve toujours prête à combattre occuperait, à peu près au centre du camp retranché, soit des tentes, soit des baraques ; cet emplacement serait couvert par des ouvrages de campagne très-simples et que l'on établirait, au moment de la mise en état de défense, en les reliant les uns aux autres par des tranchées-abris, et autant que possible par des obstacles soit naturels, soit artificiels. Les autres troupes, sauf bien entendu les garnisons des forts, seraient cantonnées dans les villages renfermés dans le périmètre du camp retranché. Si la ceinture des forts extérieurs était forcée en quelque point à la suite d'une attaque régulière, on transporterait l'emplacement du camp sur quelque autre point plus sûr ; en arrière des forts conquis, on établirait de nouvelles lignes, et, soutenu par les forts restés intacts, on recommencerait une nouvelle lutte. On tiendrait ainsi jusqu'à ce que le plus grand nombre des forts fût pris.

C'est d'après ces idées que l'on doit juger les principes exposés dans ce qui suit, principes qui peuvent servir de bases pour l'établissement d'un camp retranché à Mulhouse.

On ne peut songer à enfermer dans une enceinte fortifiée la ville commerçante et manufacturière de Mulhouse avec ses nombreuses fabriques et ses 50,000 habitants. Il est plus sage de la traiter complétement en ville ouverte et n'opposer nul obstacle à l'établissement de nouvelles constructions dans la vallée de l'Ill. Il y a à ce sujet également en jeu, et des intérêts politiques et des intérêts militaires.

Au sud-est de Mulhouse, on trouve une chaîne de collines qui s'étend entre l'Ill et le chemin de fer de Bâle à Strasbourg ; en prenant pour base de la défense ces hauteurs, on est maître complétement des routes conduisant à Belfort, Strasbourg, au pont du Rhin et à Bâle. Sur la rive droite du Rhin, trois ouvrages suffiraient, comme à Kehl, pour protéger le pont que l'on devrait construire entre Rheinweiler et Kembs et former une sorte de petit camp retranché. Les deux camps retranchés seraient réunis par deux ouvrages placés sur la rive gauche du fleuve, de manière à protéger bien efficacement les gorges des deux camps.

Sur la rive gauche, la chaîne de collines dont nous avons parlé plus haut commande d'une façon très-sensible et dans presque toutes les directions tout le terrain en avant. Vers le sud seulement, les conditions topographiques ne sont plus aussi favorables. Cependant on a néanmoins une très-bonne ligne de défense en partant du mont Britzy à l'est d'Illfurth (394), passant par le signal de Lumshwiller (407), entre les villages de Steinbrunn d'en haut et Steinbrunn d'en bas, et allant tomber au Grand-Bock (338) ; puis en suivant à partir de ce point les contreforts de la chaîne jusqu'à la route de Bâle au sud-est du village de Schlierbach. Les forts circonscriront alors une étendue de terrain d'une superficie de près de 50 kilomètres carrés, mesurant au milieu du nord au sud

11,000 pas et de l'est à l'ouest 9,000 pas, et renfermant plusieurs villages ayant ensemble une population de 13,000 habitants.

Il faudrait pour couvrir le camp 9 ouvrages (5 grands et 4 petits), séparés les uns des autres par une distance de 4,000 pas et qui recevraient les noms des localités près desquelles ils seraient placés.

Ce serait :

1° *Au Nord.*

Le fort *Zimmersheim* (altitude, 324ᵐ), 84 mètres au-dessus de la plaine du Rhin (grand fort).

Le fort *Ridisheim* (altitude, 283ᵐ), 40 mètres au-dessus du niveau de la plaine du Rhin (petit fort).

Le fort de *Mulhouse* (altitude, 324ᵐ), de 100 mètres au-dessus du niveau de la plaine du Rhin et dominant de 40 mètres au moins et jusqu'à une distance de 7,000 mètres les hauteurs de la rive gauche de l'Ill.

Ces trois forts protègent la ville de Mulhouse et tout le terrain s'étendant au nord et au nord-ouest, ainsi que les chemins de fer, les routes et les canaux. Pour créer à l'ennemi des difficultés d'approche, on établirait à des endroits choisis des barrages sur le cours de l'Ill.

2° *A l'Ouest.*

Le fort *Flaxlanden* au nord du village du même nom, à l'altitude de 343, et dominant de 43 mètres au moins toutes les hauteurs qui s'étendent à l'ouest de la position dans un rayon de 6,000 pas.

3° *Au Sud.*

Le fort *Illfurth* sur le mont Britzy (altitude, 391), dominant toutes les hauteurs qui sont à l'ouest de 70 mètres, la vallée de l'Ill de 100, les hauteurs qui sont au sud de 44 mètres (petit fort).

Le fort *Luemshwiller* (altitude, 407ᵐ), et dominant de 47 mètres au moins tout le terrain au sud-ouest et au sud (grand fort).

Le fort du *Grand-Bock* sur la montagne de même nom (altitude de 338ᵐ), dominant jusqu'à 5,000 pas tout le terrain en avant; à 6,500 pas à peu près se trouve le mont Hetten (altitude, 397ᵐ), qui pourra être très-utilement employé par l'assaillant pour couvrir des positions, mais où il ne peut, à cause de la distance trop considérable, établir ses batteries. Ce fort devrait être l'un des ouvrages les plus considérables.

Le fort *Geispitzen*, au nord-est du village de même nom, près de la route de Bâle qu'il domine de 45 mètres à peu près (petit fort).

L'on trouverait un emplacement favorable pour les tentes ou les baraques de la réserve générale (à peu près une division d'infanterie) entre les villages de Brübach et de Dietwiller, au nord du ruisseau le Mühlbach. Il serait ainsi à 3,700 mètres des forts du Sud et par suite suffisamment éloigné pour être à l'abri; sa distance aux forts du Nord et de l'Ouest serait au moins aussi considérable.

Du côté des fronts d'attaque, en supposant, comme tout semble l'indiquer, que ce seront les forts du Sud, le camp serait parfaitement couvert par la vallée du Mühlbach qui est encaissée de près de 60 mètres; au Nord et à l'Ouest, des ouvrages en terre et des tranchées-abris seraient bien suffisants. Les grands magasins pourraient être placés dans la forêt du Harth, soustraits ainsi de tous côtés aux vues, tout à côté des voies ferrées auxquelles ils seraient reliés par un embranchement.

La forêt du Harth ferme naturellement l'espace compris entre le Rhin et le camp retranché (9,000 pas en moyenne); elle permet en outre de masquer des mouvements de troupes et est ainsi à deux points de vue différents de la plus grande utilité pour la défense.

Il serait absolument nécessaire pour compléter le système de défense de pratiquer, pendant la paix, dans cette forêt, deux percées de 1,000 pas à peu près de large. Ces percées devront être prises d'enfilade, des deux côtés, par les feux partant soit des forts du camp retranché, soit des ouvrages qui ferment la gorge.

On trouverait au sud de Kemps et au nord de Niffer, à des distances de 3 à 4,000 pas du pont du Rhin, des emplacements convenables pour les ouvrages de la gorge; ces deux ouvrages devront être construits de la même manière que les forts de petite dimension; ils domineront toute la plaine du Rhin et protégeront le pont. Ce dernier doit être construit de telle sorte que, sur les deux rives, tout soit préparé pour le replier et défendre le passage.

Les trois ouvrages que l'on devra établir sur la rive droite du Rhin devront être distants les uns des autres et du pont de 4 à 5,000 pas; ils seront de grande dimension, car par suite du commandement considérable de la rive droite du Rhin sur la rive gauche, ils peuvent exercer sur la rive opposée une action très-efficace.

Calcul du chiffre des troupes et du nombre des bouches à feu nécessaires pour occuper le camp retranché.

Cinq grands ouvrages sur la rive gauche ayant chacun deux compagnies d'infanterie (500 hommes) et quarante bouches à feu :

Compagnies.   10
Bouches à feu.   200

Six petits ouvrages sur la rive gauche ayant chacun une compagnie et vingt bouches à feu :

      Compagnies.   6

      Bouches à feu. 120

Trois ouvrages sur la rive droite ayant au minimum :

      3 compagnies;

      80 bouches à feu.

Garde spéciale du pont : 1 compagnie.

      Total : 20 compagnies (5 bataillons);

      400 bouches à feu.

Soit, en y comprenant 2,000 hommes de troupe d'artillerie (y compris les auxiliaires), 8,000 hommes.

La réserve devra se composer au moins de :

Infanterie, un régiment. . . . . 3,000 hommes.

Cavalerie, un régiment   600   —

Artillerie, quatre batteries. . . . . . }

Corps hors ligne . . . . } 900   —

      Total. . . . . 4,500 hommes.

Soit en tout 12,500 hommes, en remarquant que la garnison des forts peut être fournie par la landwehr.

Quant aux frais de construction de ces différents forts, en supposant que l'on y apporte toute l'économie possible et que l'on mette 30 pièces dans des tours blindées, ce qui paraît largement suffisant, ils peuvent être évalués à :

Sur la rive gauche, cinq grands forts (y compris l'achat du terrain), 2,250,000 fr. chacun, soit. . 11,250,000 fr.

Six petits, chacun 1,500,000 fr., soit. . . 9,000,000

Sur la rive droite, trois de dimension moyenne à 1,875,000. 5,625,000

Fortification du pont. 375,000

      Total. . . 26,250,000 fr.

Non compris la valeur des bouches à feu qu'il n'y a pas lieu de faire entrer en ligne de compte, puisque l'on pourrait les tirer des places fortes de l'intérieur qui doivent être déclassées. A cette somme, il faudrait ajouter à peu près 5,625,000 fr. pour frais de construction de baraques portatives, des routes, des lignes télégraphiques à établir entre les différents ouvrages.

Etabli sur ces bases ou d'autres analogues, le camp retranché de Mulhouse avec la grande place d'armes de Strasbourg, située à 111 kilomètres à peu près plus au Nord, couvrirait aussi bien la basse Alsace que tout le sud de l'Allemagne contre les attaques venant de l'Ouest. La France ne pourra très-probablement jamais réunir, avant la chute de Metz, des ressources suffisantes pour assiéger à la fois deux camps retranchés ; aussi pourra-t-on, avec l'aide des chemins de fer existants sur les deux rives du Rhin, transporter d'un camp à l'autre toute l'infanterie disponible. — Si nous en avons, en outre, un corps de réserve à Fribourg-en-Brisgau, l'ennemi rencontrera pour tenter une invasion dans le sud de l'Allemagne des difficultés inouïes, sinon insurmontables.

CONCLUSION

Pour défendre notre territoire contre la France, nous nous appuierons donc surtout sur les grands camps retranchés de Metz, Strasbourg et Mulhouse, puis viendront en seconde ligne, soit pour fermer des passages, soit pour servir de postes intermédiaires, Thionville, Hombourg, Phalsbourg et éventuellement Schelestadt, sans compter les nombreux forts isolés qui seront chargés de défendre les défilés des Vosges.

Comme nous ne pouvons être certains que, dans le cas d'une grande lutte, notre adversaire respectera la neutralité de la Belgique et du Luxembourg, que l'on nous permette d'émettre, en terminant, quelques vœux sur la manière dont doit être organisée la défense de notre frontière Ouest et du Rhin.

1° Après l'achèvement du chemin de fer de Paris à Hambourg, la place forte de Wesel, que traverse cette ligne, acquerra une importance stratégique considérable. Il est nécessaire que tout au moins, sur la rive gauche du Rhin, on couvre cette place par quelques ouvrages détachés qui permettraient en même temps à des masses de troupes considérables d'en déboucher vivement.

2° Les places fortes de Cologne et de Mayence ne sont nullement aujourd'hui à la hauteur du progrès de la science militaire moderne; toutes deux doivent être, dans un court délai, soit remaniées, soit agrandies.

3° Les places fortes actuelles de Radstadt et de Guemersheim, qui se trouvent placées dans des conditions stratégiques très-défavorables, nécessiteraient plusieurs millions de thalers pour être remaniées, et seront toujours tournées aisément; elles doivent être déclassées et remplacées par *un camp retranché établi près de Manheim,* sur des bases analogues à celui de Mulhouse.

4° Tant que nous n'aurons pas *Luxembourg* en notre possession, la dernière ligne de notre défense de Metz à Thionville, qui, dans toutes autres conditions, serait très-forte, sera toujours menacée. Il serait par suite nécessaire d'établir un camp retranché, fût-il de petite dimension, près de Trèves, dans le voisinage de Conz, qui est le point de croisement de cinq lignes de chemins de fer. Sarrelouis deviendrait alors complétement inutile.

Si ces souhaits étaient remplis, l'Allemagne aurait contre la France une ligne de défense telle que l'on ne peut, sans éparpiller ses forces, en imaginer une plus forte. Wesel, Cologne (avec la tête de pont de Dusseldorf, qui se trouve entre elles deux), Coblentz, Mayence, Manheim, Strasbourg, Mulhouse forment une ligne de fortifications gigantesques, dont les bastions seraient dessinés par Trèves, Thionville, Metz, Phalsbourg, Hombourg. C'est de là que nous sortirons pour marcher encore à la rencontre de nos ennemis irréconciliables, et puisque cette guerre est inévitable, le plus tôt possible sera le meilleur.

APPENDICE

Au moment où l'étude qu'on vient de lire, et qui a été écrite dans le courant de juillet, était prête à être livrée à l'impression, il parut dans le *Militär Wochenblatt* un article très-intéressant intitulé : *De la question des places fortes*, où se faisaient jour des tendances analogues aux nôtres.

La lecture de cet article nous a inspiré les quelques réflexions qui suivent :

L'auteur veut :

1° Qu'au lieu de petites places fortes, on construise sur des points choisis à l'avance, *de manière à fermer les défilés, des forts purement militaires, assez solides pour résister à une attaque de vive force et à un bombardement.*

2° Que l'on établisse *de grandes places ou points qui, soit par leur position, au point de vue stratégique, soit par leur importance, exercent sur les opérations militaires une influence considérable.*

Pour ce qui regarde ces *forts militaires*, nous avons déjà, dans les pages qui précèdent, fait ressortir toute l'importance des fortifications de cette nature. Quant à raser toutes les petites places fortes existantes, on ne peut y songer ; car la plus grande partie de ces petites places fortes sont justement destinées à barrer des passages et sont établies aux seuls points où il soit possible de construire des ouvrages militaires. Quant à les raser toutes pour établir à la place des forts purement militaires, ce serait une source de dépenses tellement considérables, que cette considération seule devrait suffire pour faire écarter le projet. Il ne faut pas, d'un autre côté, perdre de vue qu'un fort isolé, qui peut être facilement entouré de tous côtés, ne présente pas toujours une force de résistance suffisante (surtout dans les défilés où le terrain des attaques est toujours très-restreint).

Le plus souvent les petites places fortes existantes pourront acquérir toute la valeur défensive désirable à la seule condition de construire à 2,000 ou 3,000 pas de l'enceinte un ou deux grands forts détachés.

C'est ce que nous avons proposé pour Thionville et Phalsbourg dans les pages qui précèdent.

Quant aux grandes places d'armes, l'auteur de l'article propose de ne constituer l'enceinte continue que par un mur crénelé avec des tours flanquantes ; on donnerait un « peu de consistance » au système en construisant à l'intérieur de l'enceinte sur quelques points bien choisis des ouvrages fermés, établis comme des réduits ; il y aurait dans ceux-ci des casemates à l'épreuve de la bombe pour servir de logement aux troupes et recevoir les magasins les plus importants. L'auteur ajoute plus loin qu'il n'est pas nécessaire que l'enceinte de la ville soit en état de résister à une attaque régulière, qu'elle doit simplement servir à mettre la ville à l'abri d'un coup de main et empêcher l'ennemi d'être, aussitôt la prise d'un fort, maître sans conteste de la ville.

Une enceinte qu'un ou deux jours suffisent pour faire tomber remplirait-elle toujours ce rôle? Cela est au moins douteux. Il est du reste nécessaire de diviser les grandes places fortes en deux catégories :

1° Grandes places de dépôts et de manœuvres;

2° Camps retranchés.

Les places de dépôts, qui sont les réduits de la défense du territoire, doivent être placées autant que possible au centre du théâtre probable de la guerre, en des points bien choisis et pas trop près de la frontière.

On doit y trouver tous les établissements, tous les aménagements qui sont nécessaires pour équiper ou entretenir des armées tout entières, des magasins de vivres et de fourrages, des fabriques de conserves, de grands dépôts des objets nécessaires à l'armement et à l'équipement des troupes, des fonderies de canons, des fabriques de poudre et d'armes, des établissements d'artillerie et en outre de grands dépôts des objets de fer travaillés qui sont nécessaires dans la défense des places (grilles, plaques de blindage, blockhaus).

Aux places de cette nature (telles que Mayence, Ulm, Posen, Dantzig, Spandau), il faut absolument donner une enceinte simple, mais aussi forte que possible et complétement à l'abri d'un assaut. Ces places fortes doivent toujours être susceptibles d'être défendues « *à outrance* ».

Les *camps retranchés* sont, comme leur nom l'indique, destinés à des armées entières et doivent être aménagés d'après les besoins qu'ont des masses considérables de troupes.

Pour éviter autant que possible de trop éparpiller ses forces, il faut qu'ils puissent être défendus contre une attaque de vive force par une garnison aussi faible que possible.

Les camps de cette nature doivent être naturellement établis aux points stratégiques les plus importants, et fréquemment près des frontières. — Metz, Strasbourg, Cologne, Coblentz, Mulhouse, Manheim, Dresde, Breslau, Brême (pour la défense du nord-ouest de l'Allemagne), rentrent dans cette catégorie.

Si les circonstances politiques l'exigent (comme à Metz et à Strasbourg), on peut supprimer l'enceinte continue existant actuellement, enceinte très-forte, il est vrai, mais qui précisément pour cela exige une garnison nombreuse. En outre, dans les grands centres de population, où de nos jours il s'établit aux portes mêmes de la ville des faubourgs occupés uniquement par des fabriques, il n'y aurait pas lieu d'en rétablir une autre. Le seul parti qu'il y ait à prendre en ce cas est de rompre complétement avec toutes les traditions du passé, et soit de renoncer complétement à une enceinte (comme à Dresde, Breslau, Brême), — soit de laisser la ville s'agrandir, mais en exigeant que l'on se conforme exactement à des plans précis, arrêtés par les autorités militaires et conçus de telle façon que les constructions s'établissent sur une série de lignes parallèles à l'enceinte. — Toutes les rangées de maisons extérieures à l'enceinte pourraient alors servir à la défense, à la condition de barrer les rues au moment de l'armement de la place par un système approprié aux circonstances. Une ville ainsi aménagée serait alors complétement à l'abri d'un coup de main.

Supposons, par exemple, qu'il s'agisse d'agrandir une grande place forte populeuse, entourée d'une ligne de forts détachés. A 200 pas à peu près derrière la ligne des forts, on tracerait un grand boulevard circulaire et l'on alignerait sur les forts les grandes rues perpendiculaires. Le boulevard ne sera bâti que du côté de la ville, les fenêtres des étages inférieurs seront grillées, et, dans le cas où la ville serait assiégée, on ne pourrait y avoir accès que par derrière. Les forts seraient réunis par un chemin couvert dans lequel on établirait, au moment de la mise en état de défense, un nombre suffisant de blockhaus en fer portatifs. Le terrain compris entre le chemin couvert et le boulevard de ceinture peut être planté d'arbres ; mais le glacis lui-même doit rester libre.

L'enceinte actuelle de la ville peut alors être démolie sans crainte ; et l'Etat encaissera presque en entier les sommes énormes provenant de la vente des terrains.

La ville aurait ainsi tout l'espace nécessaire pour pouvoir s'étendre à l'aise pendant plus d'un siècle. Si plus tard il faut l'agrandir encore, on établira à une distance convenable des forts un nouveau boulevard circulaire.

Dans l'intérieur on laissera subsister les forts avec une zone de 150 à 200 pas de libre tout autour d'eux, et l'on établira à 200 pas en avant de la dernière ligne de maisons des ouvrages en terre qui en assureront la défense et seront réunis entre eux par un chemin couvert.

Si les forts détachés ont été établis de 3,700 à 2,500 mètres de la ville, on a, au moment de l'armement de la place, tout le temps nécessaire pour mettre les ouvrages en terre en état de résister même à une attaque régulière. Il suffit pour cela de faire usage, sur une large échelle, de la *fortification de fer*, de monter les tours blindées que l'on doit avoir en magasin, d'établir des casemates, etc. Un commandant de place énergique et *familiarisé avec tous les moyens que la science et l'industrie mettent de nos jours à la disposition de l'art de la guerre* ne sera jamais à bout de ressources.

Le chemin couvert que l'auteur de l'article du *Militär Wochenblatt* propose pour réunir les grands forts aurait, il est vrai, de grands avantages, mais il entraînerait, pour une étendue de 50 kilomètres à peu près, à des frais considérables.

Les plantations qu'il propose de faire sur les glacis de ce chemin couvert ne laissent pas que de présenter aussi de grands inconvénients, puisque l'on masque ainsi en partie les feux des forts. La voie ferrée qu'il désire voir établir parallèlement à ce chemin couvert est inutile également la plupart du temps, puisque les forts devront déjà avoir pendant la paix leurs approvisionnements au complet en bouches à feu et en munitions (y compris ceux qui sont nécessaires pour résister à une attaque régulière), et que dans le cas d'un armement de la place ils recevront pour deux à trois mois de vivres.

La communication souterraine que le même auteur propose d'établir entre les forts et l'enceinte coûterait des sommes tellement considérables que, malgré toute l'utilité de ce projet, on ne peut songer à l'exécuter. Une communication souterraine de 5,500 mètres de longueur et de 7 pieds seulement de large coûterait, en effet, près de 1,875,000 francs.

Des boyaux de tranchées, placés en arrière des endroits les plus exposés et établis comme ceux dont l'assiégeant se sert dans les travaux d'approche, seraient certes bien suffisants ; on se servirait également des tranchées, avec ou sans profil défensif, pour faire communiquer ensemble les forts et les batteries des fronts qui sont vraisemblablement destinés à être attaqués.

En terminant, nous ferons observer qu'il est absolument indispensable de préparer, dès le temps de paix, les emplacements des pièces mobiles que les grands forts auraient à détacher, et de protéger ces batteries par de grands blockhaus qu'on relierait au besoin avec les forts, par des communications souterraines. Dans l'état actuel de l'artillerie, et surtout quand les mortiers et obusiers rayés seront devenus d'un usage général, on peut affirmer qu'un fort ne sera en état de soutenir la lutte avec un ennemi supérieur qu'à la condition que toutes ses pièces de gros calibre seront protégées par des cuirasses métalliques, et que la plupart de ses pièces de petit calibre seront réparties sur les côtés de l'ouvrage, changeront fréquemment de position et feront usage du tir indirect. — Les forts sont les pivots de l'offensive et les points d'appui de la défense du terrain en avant : c'est à eux principalement de soutenir la lutte d'artillerie. Une question qui mérite un examen approfondi, c'est celle de savoir s'il ne conviendrait pas de retirer toutes les pièces de gros calibre de l'intérieur des forts et de construire en arrière ou sur le côté de ces forts des batteries cuirassées à l'abri de l'escalade, reliées avec eux par des communications souterraines, et n'exigeant qu'une faible garnison. — Des batteries conçues dans ce système ont été construites à l'étranger pour la défense des côtes : un certain nombre de tours sur pivot pour les fortifications de terre ont été exécutées en Angleterre et en Belgique, et projetées en Allemagne (à Dusseldorf).

TABLE DES MATIÈRES

Evreux, A. Hérissey, imp. — 973.